GRACIAS.

MI REGALO DE AGRADECIMIENTO

Ninguna parte de este libro puede ser escaneada, reproducida o distribuida en forma impresa o electrónica sin el permiso previo del autor o editor.

APRECIACIÓN

Agradezcamos a las personas que nos hacen felices: son los encantadores jardineros que hacen florecer nuestras almas.

Marcel Proust

Querido..

Este regalo es para ti porque…

....
....
....
....
....
....

Mes ....

Año ....

Eres especial para mí porque...

Uno de mis momentos más agradables con usted ha sido...

....

....

....

....

....

....

Si tuviera que enumerar cinco de tus cualidades especiales, serían...

1.
2.
3.
4.
5.

Amor, amistad, risa... algunas de las mejores cosas de la vida son realmente gratis.

BOB MARLEY

Estuviste ahí para mí...

"NO RECORDAMOS LOS DÍAS; RECORDAMOS LOS MOMENTOS"

CESARE PAVESE 1908 - 1950

Fuiste tan amable cuando…

....

....

....

....

....

Me haces sonreír.....

....
....
....
....

Una celebración especial que recuerdo con cariño compartir con ustedes fue...

Comparte tu historia y tu ubicación

> ENCONTRARÁS, CUANDO MIRES ATRÁS EN LA VIDA, QUE LOS MOMENTOS QUE SOBRESALEN SON LOS MOMENTOS EN QUE HAS HECHO COSAS POR LOS DEMÁS

HENRY DRUMMOND (1851 - 1897)

Tú haces esto mejor que nadie....

"A veces el corazón ve lo que es invisible para el ojo"

H. Jackson Brwon, JR.

Si hubiera una palabra para describirte, sería..

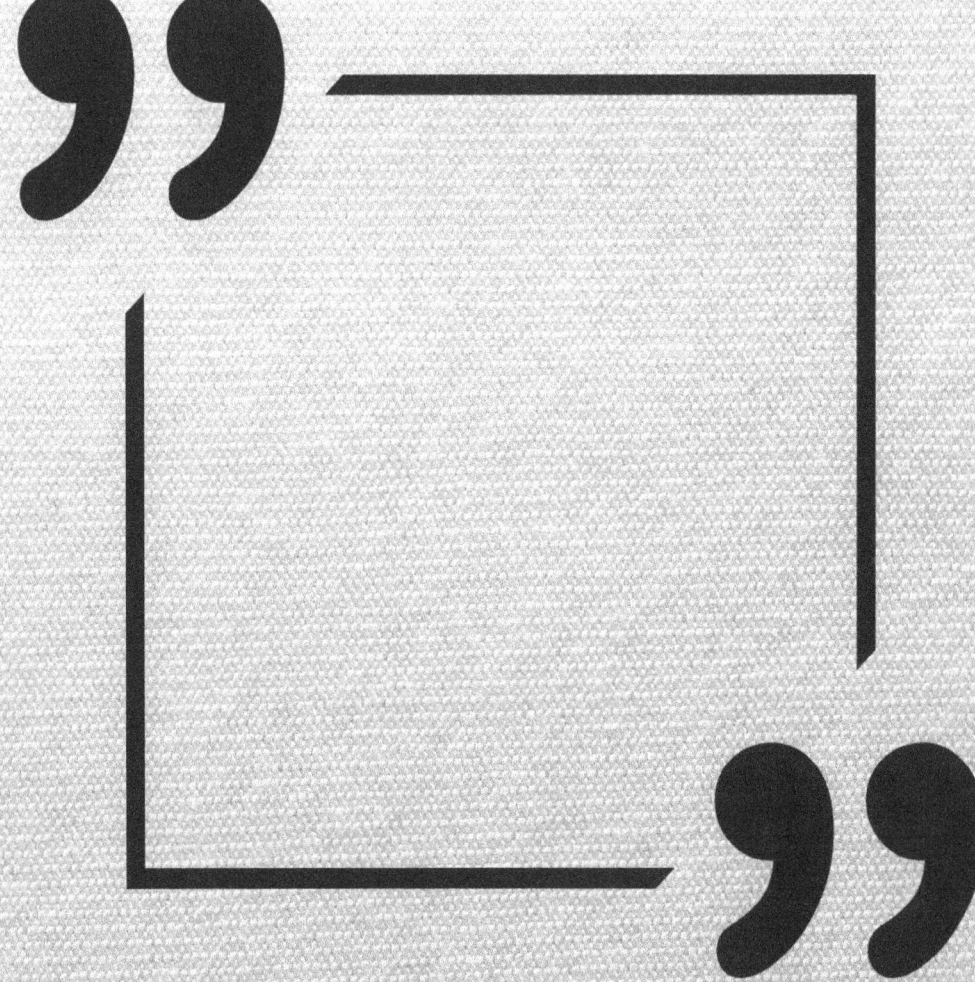

Siempre sonrío cuando pienso en esta historia...

AÑADIR UNA FOTO AQUÍ

Un momento especial juntos

Más momentos especiales juntos

> El significado de la vida es encontrar tu don. El propósito de la vida es regalarlo
>
> *Pablo Picasso*

Quiero concluir diciendo...

NOTAS

Gracias..

LIBROS

GRACIAS POR SER EL MEJOR PADRE
GRACIAS POR SER EL MEJOR PAPÁ
GRACIAS POR SER LA MEJOR MADRE
GRACIAS POR SER LA MEJOR MADRE
GRACIAS POR SER LA MEJOR HERMANA
GRACIAS POR SER EL MEJOR HERMANO
GRACIAS POR SER EL MEJOR PRIMO
GRACIAS POR SER LA MEJOR ABUELA
GRACIAS POR SER EL MEJOR ABUELO
GRACIAS POR SER EL MEJOR TÍO
GRACIAS POR SER LA MEJOR TÍA
GRACIAS POR SER UN GRAN MAESTRO
GRACIAS POR SER UN GRAN ENTRENADOR
GRACIAS POR SER UN GRAN AMIGO
GRACIAS POR SER UN GRAN MÉDICO

www.ingramcontent.com/pod-product-compliance
Lightning Source LLC
LaVergne TN
LVHW071837021025
822566LV00025B/1274